はしがき

本書は、これまで国語で学んだ内容をおさらいし、高校の国語学習の基礎を固めるための一冊です。一つ上のステップへ進むために、基本をしっかり確認しておきましょう。

一 無理なくこなせる分量・内容！

一回当たり30分程度の短時間で消化できます。パズル形式の設問 あたまのストレッチ など、楽しみながら取り組める問題も取り入れています。

二 ポイントを押さえて効果的な学習！

各回の内容は 今回のポイント でチェックしましょう。がら学習することで能率アップが図れます。

三 解きながら基礎力を磨ける！

問題を実際に解く作業の中で基本を身につけていきましょう。「現代文入門」 要点ピックアップ では、本文の流れをまとめる作業から読解のヒントがつかめます。

もくじ

第1回 漢字の知識①

今回のポイント

●漢字の部首・筆順・画数を確かめる。

/100

漢字の部首

1 次の漢字と同じ部首の漢字をそれぞれ下から選び、記号で答えなさい。（3点×4）

① 親（ア 新　イ 視　ウ 相）［　　］
② 投（ア 取　イ 段　ウ 拾）［　　］
③ 筋（ア 節　イ 胸　ウ 勤）［　　］
④ 幕（ア 芸　イ 暮　ウ 布）［　　］

2 次の各組の漢字に、それぞれ共通した部首を加えると別の漢字を作ることができる。その部首を後から選び、記号で答えなさい。（3点×6）

① 玉 谷 祭［　　］　② 予 客 原［　　］
③ 市 要 蔵［　　］　④ 大 寸 古［　　］
⑤ 白 米 周［　　］　⑥ 列 者 占［　　］

ア 宀　イ 月　ウ 頁
エ 辶　オ 灬　カ 口

漢字の筆順

3 次の中から、筆順の正しいものを二つ選び、記号で答えなさい。（2点×2）

ア 卵…′ ⺁ 卯 卯 卯 卵 卵
イ 収…丨 ⺦ 収 収
ウ 武…一 二 弋 弋 武 武 武 武
エ 必…丶 心 心 心 必
オ 兆…丿 扌 扌 兆 兆 兆

［　　］［　　］

4 次の漢字の色付きで示した部分は、何画目に書くか、算用数字で答えなさい。（3点×6）

① 何［　　］　② 性［　　］
③ 複［　　］　④ 飛［　　］
⑤ 衆［　　］　⑥ 無［　　］

漢字の読み書き

5 次の太字の漢字の読みを書きなさい。（3点×6）

① 当時の光景が**脳裏**に浮かぶ。
② 問題の解決法を**示唆**する。
③ **殊勝**な心がけを褒める。
④ 豪華な**御殿**に住む。
⑤ **迅速**に対応する。
⑥ 妹の**機嫌**が直る。

6 次の太字のカタカナを漢字で書きなさい。（3点×6）

① 作品を**ヒハン**する。
② **キチョウ**な体験をする。
③ パソコンが**コショウ**する。
④ 登山の**ソウビ**を確認する。
⑤ 個人の能力を**ハッキ**する。
⑥ 大きな**キボ**の大会に出る。

漢字の画数

7 次の各組の漢字の中には、画数の違うものが一つずつある。その記号を答えなさい。（3点×4）

① ア 匠　イ 仰　ウ 巧　エ 芝
② ア 弦　イ 邸　ウ 昆　エ 派
③ ア 衷　イ 浮　ウ 娯　エ 透
④ ア 疎　イ 飽　ウ 誇　エ 棄

あたまのストレッチ

次の散らばったパーツを組み合わせて、二つの二字熟語を完成させよう。

翟　糸　力　女　重　色　口　少

第2回 漢字の知識②

今回のポイント

●同訓異字・同音異義語を確かめる。

/100

漢字の読み書き

1 次の太字の漢字の読みを書きなさい。（4点×6）

① テニスボールが**弾**む。／姉がバイオリンを**弾**く。

② 海中深くに**潜**る。／草陰にキツネが**潜**む。

③ 二つの線が一点で**交**わる。／遠くに住む友人と手紙を**交**わす。

2 次の太字のカタカナを漢字で書きなさい。（4点×4）

① 部員の**シジ**を得て部長になる。／的確な**シジ**を出す。

② 学生を**タイショウ**として調査する。／**タイショウ**的な色彩の絵が並ぶ。

同訓異字

3 次の太字のカタカナに当てはまる漢字を下から選び、記号で答えなさい。（3点×5）

① 部屋が**アツ**い。（ア 厚　イ 暑　ウ 熱）

② 本を**スス**める。（ア 進　イ 勧　ウ 薦）

③ 表情が**カタ**い。（ア 固　イ 硬　ウ 堅）

④ 方針を**カ**える。（ア 変　イ 代　ウ 換）

⑤ 再起を**ハカ**る。（ア 図　イ 測　ウ 計）

4 次の――線部の漢字が正しい場合は○を、間違っている場合は正しい漢字を書きなさい。（3点×8）

① 文字を謝る。

② 消息を絶つ。

③ 服装を調える。

④ 北を指す。

⑤ 節約に務める。

⑥ 犯人を捜す。

⑦ 税金を収める。

⑧ 胃に利く薬。

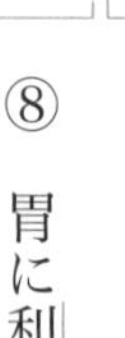

同音異義語

5 次の意味に合う同音異義語を後から選び、記号で答えなさい。（完答3点×2）

① ずっとかわらないこと。
全てに共通すること。 ［　］［　］

ア 不変　**イ** 普遍

② おどろくほど不思議ですばらしいこと。
力や勢いでおびやかされること。 ［　］［　］

ア 脅威　**イ** 驚異

6 次の太字のカタカナに当てはまる漢字を後から選び、記号で答えなさい。（3点×5）

① 責任を追キュウする。 ［　］
ア 及　**イ** 求　**ウ** 究

② 成長のカテイをたどる。 ［　］
ア 仮定　**イ** 過程　**ウ** 課程

③ 答えのケントウをつける。 ［　］
ア 見当　**イ** 検討　**ウ** 健闘

④ 身元をホショウする。 ［　］
ア 保証　**イ** 保障　**ウ** 補償

⑤ 先生のごコウイに感謝します。 ［　］
ア 行為　**イ** 好意　**ウ** 厚意

あたまのストレッチ

次の図は、漢字の訓読みのしりとりになっている。漢字が書かれている場合は読みを平仮名で、カタカナが書かれている場合は漢字を書いて答えよう。

［キシ］① → ［　］② 潮 → ［　］③ 丘 → ［カサ］④ → ［サカイ］⑤ → ［イネ］⑥ → ［　］⑦ 猫 → ［　］⑧ 寿 → ①

第3回 漢字の知識③

今回のポイント

● 誤りやすい漢字を確かめる。

／100

漢字の読み書き

1 次の太字の漢字の読みを書きなさい。（3点×5）

① 一点差で**惜敗**する。

② 文書の**体裁**を整える。

③ 収支の**均衡**を保つ。

④ 任務を**遂行**する。

⑤ 店を**暫時**休業する。

2 次の太字のカタカナを、字形に注意して漢字で書きなさい。（3点×6）

① 支払いの前に**シヘイ**を数える。

② 苦心の末に山頂まで**トウタツ**する。

③ 文法の誤りを**シテキ**される。

④ **チクサン**業に携わる。

⑤ 地域の行事への参加を**ツノ**る。

⑥ 物事に**ドンヨク**に取り組む。

複数の訓読みをもつ漢字

3 次の太字の漢字の読みを書きなさい。（3点×4）

① 日差しが**和**らぐ。
　和やかに談笑する。

② 宿題を**怠**ける。
　確認を**怠**る。

形の似ている漢字

4 次の太字のカタカナに当てはまる漢字を下から選び、記号で答えなさい。（3点×2）

① 魚を**アミ**で捕まえる。（ア 綱　イ 網）

② **セマ**い道を歩く。（ア 狭　イ 挟）

5 次の太字のカタカナを、字形に注意して漢字で書きなさい。（3点×6）

① 参加者に一冊の**ウス**[a]い名**ボ**[b]を配る。　a ［　］　b ［　］

② 人物の**ビ**[a]細な特**チョウ**[b]をつかむ。　a ［　］　b ［　］

③ 見事な技に目を**ウバ**[a]われ、興**フン**[b]する。　a ［　］　b ［　］

6 送り仮名を誤りやすい漢字

次の太字のカタカナを漢字と送り仮名で書きなさい。（3点×5）

① 仲間を**ヒキイル**。［　］

② **ココロヨイ**風が吹く。［　］

③ **マギラワシイ**看板。［　］

④ 窮地に**オチイル**。［　］

⑤ 壁に装飾を**ホドコス**。［　］

7 誤字訂正

次の文中には一つずつ誤字がある。その誤字を書き抜き、正しい漢字に書き直しなさい。（完答4点×4）

① 遇然の再会に感慨を覚える。［　］→［　］

② 野性動物の捕獲に異議を唱える。［　］→［　］

③ 舞台を鑑賞し、俳優たちの伯真の演技に魅了された。［　］→［　］

④ 五日間で近隣の名所すべてを回るため、工程の検討に余念がない。［　］→［　］

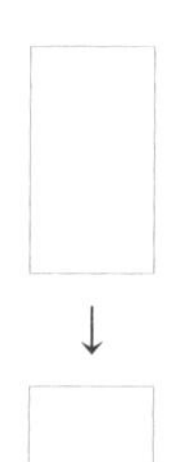

あたまのストレッチ

次の漢字からは、それぞれ画が一つ抜き取られている。正しい漢字に直して書こう。

① 壊 ［　］

② 壁 ［　］

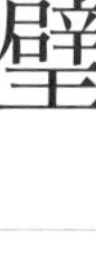

③ 遵 ［　］

第4回 漢字の知識④

今回のポイント

●三字熟語・四字熟語を押さえる。

／100

漢字の読み書き

1 次の太字の漢字の読みを書きなさい。（3点×5）

① **柔和**な表情を見せる。

② 夕食の**献立**を考える。

③ **冬至**にかぼちゃを食べる。

④ 寺の**境内**に入る。

⑤ 役所の**出納**係に尋ねる。

2 次の太字のカタカナを漢字と送り仮名で書きなさい。（3点×4）

① 臨時の窓口を**モウケル**。

② 人形を糸で**アヤツル**。

③ 欧州の国々を**オトズレル**。

④ 休日は**モッパラ**家で過ごす。

三字熟語

3 次のそれぞれの三字熟語はどのような組み立てになっているか。後から選び、記号で答えなさい。（3点×4）

① 観客席　② 準優勝

③ 衣食住　④ 有意義

ア 上の一字が下の二字についたもの。

イ 上の二字に下の一字がついたもの。

ウ 三つの字が対等な関係で並んだもの。

4 次の□に当てはまる漢字を後から選び、記号で答えなさい。（2点×8）

① □公式　② □意識

③ □健康　④ □完成

⑤ □経験　⑥ □規則

⑦ □期限　⑧ □常識

ア 未　**イ** 不　**ウ** 無　**エ** 非

四字熟語

5 次の□に当てはまる漢数字を後から選び、記号で答えなさい。（2点×6）

① □家争鳴　〔　　〕
② 一日□秋　〔　　〕
③ □年一日　〔　　〕
④ □転八倒　〔　　〕
⑤ □心不乱　〔　　〕
⑥ □寒四温　〔　　〕

ア 一　**イ** 三　**ウ** 七
エ 十　**オ** 百　**カ** 千

6 次の□に当てはまる言葉を後の〔　〕から選び、漢字に直して書きなさい。また、できた四字熟語の意味を後から選び、記号で答えなさい。（3点×6）

① 意味□な言葉を発する。　〔　　〕〔　　〕
② 他人の意見に□雷同する。　〔　　〕〔　　〕
③ □暮改で方針が変わる。　〔　　〕〔　　〕

〔しんちょう　ちょうれい　ふわ〕

ア 命令や法令が頻繁に変わって一定しないこと。
イ 自分の考えを持たず、他人の意見に同調すること。
ウ 表現に奥深い含みや趣があること。

7 次の□に共通して当てはまる漢字一字を書きなさい。（3点×5）

① □眠□休で働く。　〔　　〕
② 以□伝□で察し合う。　〔　　〕
③ 希望を失い□暴□棄になる。　〔　　〕
④ 人員を□材□所で配置する。　〔　　〕
⑤ □三□四通告する。　〔　　〕

あたまのストレッチ

次の語群には、○で囲んだもののほかに、斜めに並んだ四字熟語が三つ隠れているよ。三つの四字熟語を見つけて、○で囲もう。

異	開	在	由
口	単	自	
針	同	純	公
小	音	明	
異	棒	正	快
両	大	当	
得	意	心	為

第5回

漢字の知識⑤

今回のポイント

●対義語・類義語を押さえる。

/100

漢字の読み書き

1 次の太字の漢字の読みを書きなさい。（3点×5）

① 華麗な舞を**披露**する。

② **雰囲気**のよい店に入る。

③ 監督が**更迭**される。

④ 先生の**承諾**を得る。

⑤ 茶道の**宗家**を継ぐ。

2 次の太字のカタカナを漢字と送り仮名で書きなさい。（3点×4）

① 目上の人を**ウヤマウ**。

② 白地に赤い柄が**ハエル**。

③ 練習を重ねて試合に**ノゾム**。

④ 部下の提案を**シリゾケル**。

対義語

3 次の上の熟語と下の熟語が対義語になるように、□に共通して当てはまる漢字を書きなさい。（3点×4）

① 積□ ↕ 消□

② 赤□ ↕ 黒□

③ 絶□ ↕ 相□

④ 平□ ↕ 非□

4 次の熟語の対義語を後から選び、記号で答えなさい。（2点×5）

① 需要 ↕

② 生産 ↕

③ 肉体 ↕

④ 保守 ↕

⑤ 特殊 ↕

ア 普遍　**イ** 消費　**ウ** 精神

エ 供給　**オ** 革新

5 次の熟語の対義語を下から選び、漢字に直して書きなさい。（3点×5）

① 共同 ↕ [ ]
② 現実 ↕ [ ]
③ 原則 ↕ [ ]
④ 祖先 ↕ [ ]
⑤ 合成 ↕ [ ]

しそん　たんどく　ぶんかい　りそう　れいがい

類義語

6 次の上の熟語と下の熟語が類義語になるように、□に当てはまる漢字を後から選び、記号で答えなさい。（3点×5）

① 意外＝□外 [ ]
② 異存＝異□ [ ]
③ 特別＝□別 [ ]
④ 自然＝□然 [ ]
⑤ 欠点＝□点 [ ]

ア 格　**イ** 案　**ウ** 議　**エ** 難　**オ** 天

7 次の熟語の類義語を下から選び、漢字に直して書きなさい。（3点×7）

① 関心＝[ ]
② 保健＝[ ]
③ 進歩＝[ ]
④ 同意＝[ ]
⑤ 前途＝[ ]
⑥ 使命＝[ ]
⑦ 簡単＝[ ]

えいせい　きょうみ　こうじょう　ようい　さんせい　しょうらい　にんむ

あたまのストレッチ

次の❶・❷は、それぞれ二字熟語のしりとりになっているよ。それぞれ、「①②」と「④⑤」の熟語が対義語になるように、漢字を当てはめてみよう。

❶ 損① ② 権③ ④ 益⑤

❷ 上① ② 天③ ④ 降⑤

第6回

言葉の知識①

今回のポイント

- 慣用句の意味と使い方を覚える。
- ことわざの意味を理解する。

／100

慣用句

1 次の［　］に当てはまる体の部分の名前を後から選び、書き入れなさい。（3点×8）

① 孫の姿に祖父が［　　］を細める。

② ［　　］をそろえて借金を返済する。

③ 友人と［　　］を割って話し合う。

④ 言うことを聞かない子供に［　　］を焼く。

⑤ 対戦相手の［　　］を明かしてやりたい。

⑥ 予想以上に出費が増えて［　　］が出た。

⑦ 余計なことに［　　］を突っ込んではいけない。

⑧ ［　　］が滑って秘密を明かしてしまった。

腹	耳	口	目
手	鼻	足	首

2 次の［　］に当てはまる言葉を漢字一字で書き、慣用句を完成させなさい。また、その意味を後から選び、［　］に記号で答えなさい。（2点×12）

① 木に［　］を接ぐ

② 飛ぶ［　］を落とす

③ ［　］を粉にする

④ 寝耳に［　］

⑤ ［　］に衣(きぬ)着せぬ

⑥ ［　］を射る

ア うまく要点をつかむ。

イ ちぐはぐなことをする。

ウ 労力を惜しまずに働く。

エ 不意の出来事に驚く。

オ ずけずけとものを言う。

カ 権勢が盛んである。

3 次の［　］に当てはまる生き物を表す漢字一字を書いて、――線部のことわざを完成させなさい。（4点×5）

① 急におとなしくなって、まるで借りてきた［　］だ。
② 委員長の［　］の一声で話し合いがまとまった。
③ あえて［　］の尾を踏む勇気はない。
④ 彼は失敗続きで［　］の居所が悪い。
⑤ ［　］心あれば水心、あとは相手の出方次第だ。

4 次のことわざと同じ意味のことわざを後から選び、記号で答えなさい。（4点×5）

① 猿も木から落ちる
② 暖簾（のれん）に腕押し
③ 三つ子の魂百まで
④ 紺屋（こうや）の白袴（しろばかま）
⑤ 泣き面（つら）に蜂

ア 糠（ぬか）に釘（くぎ）
イ 医者の不養生
ウ 河童（かっぱ）の川流れ
エ 弱り目に祟（たた）り目
オ 雀（すずめ）百まで踊り忘れず

5 次のことわざと反対の意味のことわざを後から選び、記号で答えなさい。（3点×4）

① 急（せ）いては事をし損じる
② 好きこそものの上手なれ
③ 渡る世間に鬼はなし
④ まかぬ種は生えぬ

ア 棚からぼた餅
イ 下手の横好き
ウ 人を見たら泥棒と思え
エ 善は急げ

あたまのストレッチ

ことわざには、漢数字を含むものもたくさんあるよね。次の［　］に当てはまる漢数字を書き入れ、最後にその合計数字を算用数字で答えよう。

① ［　］里の道も一歩から
② 無くて［　］癖
③ ［　］人寄れば文殊の知恵
④ 百聞は［　］見にしかず
⑤ 十人［　］色

漢数字をすべて足すと［　］

第7回

言葉の知識②

今回のポイント

●故事成語の意味と使い方を覚える。

/100

故事成語

1 次の故事成語の意味を後から選び、記号で答えなさい。（4点×6）

① 李下に冠を正さず　［　］
② 画竜点睛を欠く　［　］
③ 羹に懲りて膾を吹く　［　］
④ 石に漱ぎ流れに枕す　［　］
⑤ 蛍雪の功　［　］
⑥ 青は藍より出でて藍よりも青し　［　］

ア 最後の仕上げが不十分で全体が完成しないこと。
イ 弟子が師匠よりも優れた存在になること。
ウ 前の失敗に懲りて必要以上に用心深くなること。
エ 自ら疑いを招くようなことは慎むべきだということ。
オ 苦心して学問を修めること。
カ 負け惜しみが強く、無理に自説を通そうとすること。

2 次の［　］に当てはまる故事成語を後から選び、記号で答えなさい。（4点×8）

① その作品は推理小説の［　］である。
② 書き終えた文章の［　］を行う。
③ 大国の争いに乗じて第三国が［　］を得る。
④ 二人の仲は［　］ともいうべき親密さだ。
⑤ 決勝戦は［　］で臨まないと勝てないだろう。
⑥ 天候悪化が心配されたが、［　］に終わった。
⑦ 彼の鉄道への熱中ぶりは、［　］ほどだ。
⑧ 人生ははかなく、［　］のようなものである。

ア 漁夫の利　**イ** 杞憂
ウ 白眉　**エ** 水魚の交わり
オ 推敲　**カ** 邯鄲の夢
キ 病膏肓に入る　**ク** 背水の陣

3 次の□に当てはまる生き物の名を後から選び、故事成語を完成させなさい。（4点×6）

① 木によりて□を求む
② 虎の威を借る□
③ 井の中の□大海を知らず
④ 鶏口となるも□後となるなかれ
⑤ 将を射んと欲すれば先ず□を射よ
⑥ 苛政は□よりも猛し

ア 牛　**イ** 蛙　**ウ** 馬
エ 狐　**オ** 魚　**カ** 虎

4 次の故事成語を表す太字のカタカナを漢字に直しなさい。（4点×5）

① 役者が**アッカン**の演技を見せる。
② 森林伐採が温暖化を**ジョチョウ**する。
③ 論理の**ムジュン**を指摘する。
④ **ダンチョウ**の思いで諦める。
⑤ 最後の一言は**ダソク**だった。

あたまのストレッチ

次の各カギの太字のカタカナを漢字に直して、クロスワードパズルを完成させよう。

〈タテのカギ〉
① 俳壇の**ロウタイカ**。
② 公園案内マップの**シュクショウズ**。
④ **セッキョクセイ**を持つ。
⑥ **ドウケイショク**の服装。
⑧ **ヘンカリツ**を計算する。
⑩ **ケサ**は風が強かった。
⑪ **ハクボ**に染まる海。
⑬ **センゾ**代々の教え。

〈ヨコのカギ〉
③ データを**チクセキ**する。
⑤ どれも**ダイドウショウイ**だ。
⑦ **カケイズ**をひも解く。
⑧ 熱で物質が**ヘンセイ**する。
⑨ 悪の**ゴンゲ**と呼ばれた人物。
⑫ **ソッセン**して取り組む。
⑭ **チョウレイボカイ**となる。

第8回 表現の方法①

今回のポイント

●呼応する語、接続する語を覚える。
●読点の使い方をつかむ。

/100

語の呼応

1 次の――線部に注意して、［　］に当てはまる語を下から選んで書きなさい。（4点×3）

① まさか雪など降る［　　］。
② なぜそんなことをするの［　　］。
③ まるで夢を見ている［　　］。

か　まい　ようだ

2 次の――線部に注意して、［　］に当てはまる語を後から選び、記号で答えなさい。（4点×4）

① 私の家に［　］遊びに来てほしい。
② ［　］山のごとき大男が現れた。
③ 明日は［　］よいことがあるだろう。
④ ［　］雨が降ったら、外出をとりやめよう。

ア きっと　**イ** もし
ウ ぜひ　**エ** あたかも

接続語

3 次の［　］に当てはまる接続語を後から選び、記号で答えなさい。（4点×7）

① 明日は雨が降るだろうか。［　］、晴れるだろうか。
② 人生は短い。［　］、今を精いっぱい生きよう。
③ 今日は人出が多いね。［　］、どの映画を見ようか。
④ 計画は中止を余儀なくされた。［　］、資金が底を突いたからだ。
⑤ 彼は学校で数学を教えるのを仕事にしている。［　］、教師である。
⑥ 家には母がいるはずだ。［　］、誰も電話に出ない。
⑦ 彼は運動が得意だ。［　］、勉強もよくできる。

ア つまり　**イ** しかも　**ウ** あるいは
エ ところで　**オ** ところが　**カ** だから
キ なぜなら

読点の使い方

4 次の文が後のA・Bのイラストの状況に合うように、一か所だけ読点（、）を打つとすると、それぞれどこに打つのが適切か。記号で答えなさい。（4点×6）

① 私は〈ア〉母と〈イ〉父の〈ウ〉プレゼントを〈エ〉買いに行った。

A

［　　］

B

［　　］

② 弟が〈ア〉泣きながら〈イ〉逃げる〈ウ〉兄を〈エ〉追いかける。

A 兄 弟

［　　］

B 弟 兄

［　　］

③ 緑色の〈ア〉くちばしの〈イ〉大きな〈ウ〉鳥が〈エ〉いる。

A

［　　］

B

［　　］

5 次の文に一か所だけ読点（、）を打つとすると、どこに打つのが適切か。記号で答えなさい。（5点×4）

① 私が〈ア〉帰ったとき〈イ〉兄は〈ウ〉家に〈エ〉いなかった。［　　］

② 彼は〈ア〉若い〈イ〉けれど〈ウ〉とても〈エ〉しっかり者だ。［　　］

③ 空を〈ア〉見上げると〈イ〉白い〈ウ〉雲が〈エ〉流れていた。［　　］

④ 誰だろう〈ア〉私の〈イ〉肩を〈ウ〉たたいた〈エ〉人は。［　　］

あたまのストレッチ

次の――線部のうち、接続詞を用いているほうの記号に○をつけよう。副詞などとの区別に注意！

① ア ところで、先日の旅行はいかがでしたか。
　 イ 作業の切りのよいところで、休憩を取る。

② ア 景色の美しいこの場所に、また来たい。
　 イ この花は鑑賞用であり、また食用でもある。

③ ア 新しい車を買った。それで今日は通勤した。
　 イ 時間に遅れそうだった。それで駅まで走った。

第9回

表現の方法②

今回のポイント

●正しい表現の仕方を押さえ、誤文を正す。
●敬語の使い方を覚える。

/100

誤文訂正

1 ――線部の表現の使い方が不適切なものを次から選び、記号で答えなさい。（5点）

ア 弟もご多分にもれずゲームが好きだ。
イ 彼女はあたり構わず愛嬌（あいきょう）をふりまく。
ウ 優勝に向けていやがうえにも期待が高まる。
エ 次の試合では絶対に汚名を挽回（ばんかい）するつもりだ。

〔　〕

2 次の――線部を適切な表現に書き改めなさい。（5点×5）

① 話のところどころで合いの手を打つ。〔　〕
② 頼み事をしたが、取り付く暇もない。〔　〕
③ 毎日、うなるような暑さが続く。〔　〕
④ 中傷を受けて怒り心頭に達する。〔　〕
⑤ 三日にあけず野球観戦に通う。〔　〕

3 次の――線部を、例にならって適切な表現に書き改めなさい。（4点×5）

例 家では本を読んだりテレビを見て過ごす。〔見たりして〕

① ニワトリは羽があるのに飛べることができない。〔　〕
② 犬が飼い主にいっしょに遊んでほしい。〔　〕
③ 環境問題は文明の進歩によってもたらした。〔　〕
④ 旅行先ではすごい楽しい体験ができた。〔　〕
⑤ 将来の夢は医者になって多くの命を救いたい。〔　〕

敬語

4 次の――線部の敬語表現について、不適切なものは正しく書き改め、適切なものは○を〔　〕に記しなさい。（5点×7）

① 初対面の方にお名前をうかがう。〔　　〕

② お出しした料理をお客様がいただく。〔　　〕

③ コーチが申したことを肝に銘じよう。〔　　〕

④ 王様が式典の場においでする。〔　　〕

⑤ 明日の三時ごろにそちらに参ります。〔　　〕

⑥ 母はただ今出かけていらっしゃいます。〔　　〕

⑦ 先生、私の作品を拝見してください。〔　　〕

5 次の〔　〕に当てはまる適切な敬語を後から選び、記号で答えなさい。（5点×3）

① 姉が先生に大事なことを〔　　〕。

ア 話される　**イ** お話しする　**ウ** お話しになる

② 先生が私に贈り物を〔　　〕。

ア くださる　**イ** 差し上げる　**ウ** いただく

③ 先輩の〔　　〕ことを見習う。

ア いたす　**イ** なさる

ウ いたされる

あたまのストレッチ

「山に登山する」という言い方のおかしな点がわかるかな？　同じ意味の言葉を重ねてしまうこういった表現を、重ね言葉というよ。次の文に使われている重ね言葉にも、例にならって――線を引いてみよう。

例 まだ文化祭で演奏する曲は未定だ。

① 長い列の一番最後に並ぶ。

② 約二時間ほどかけて祖父母に会いに行く。

③ あらかじめ寒くなると予想して厚着をしてきた。

第10回 言葉のきまり

/100

今回のポイント

- ●文・文節・単語の分類を理解する。
- ●文の成分・文節相互の関係を理解する。
- ●品詞の種類を押さえる。

文・文節・単語

1 次の文章はいくつの文から成っているか。算用数字で答えなさい。（3点）

朝が来た。カーテンの隙間から光が差し込む。外からは小鳥のさえずり。今何時だろう？　私はベッドから身を起こして時計を見た。時計の針はちょうど七時を指していた。

［　　］

2 次の各文を、例にならって文節に区切りなさい。（完答3点×5）

例　きれいな｜花が｜庭に｜咲いた。

① 夕食のあとは自分の部屋で勉強する。

② 一年生は放課後、体育館に集合しよう。

③ 西の空が真っ赤な夕焼けに染まる。

④ 特急列車は十時に駅に到着する予定だ。

⑤ 野原で犬たちが楽しそうに走り回る。

3 次の各文の単語の数を、算用数字で答えなさい。（3点×3）

① 駅前の店で新しいスニーカーを買う。［　　］

② 私は毎日学校まで自転車で通う。［　　］

③ 川沿いの遊歩道をぶらぶら散歩する。［　　］

文の成文

4 次の——線部の文節の種類を後から選び、記号で答えなさい。（3点×5）

① その漫画はとてもおもしろい。［　　］

② 彼こそ生徒会長にふさわしい人物だ。［　　］

③ 冷蔵庫のプリンを食べた人は誰だ。［　　］

④ 寒いので、部屋の窓を閉める。［　　］

⑤ もしもし、田中さんのお宅でしょうか。［　　］

ア 主語　**イ** 述語　**ウ** 修飾語
エ 独立語　**オ** 接続語

文節相互の関係

5 次の――線部の二つの文節の関係を後から選び、記号で答えなさい。（4点×4）

① 大勢の人が道を歩いて いる。　［　］
② いつも祖母は一時間の散歩をする。　［　］
③ 父と 母が二人で旅行に行く。　［　］
④ 私の趣味は映画を見ることだ。　［　］

ア 主語・述語の関係　イ 修飾・被修飾の関係
ウ 補助の関係　エ 並立の関係

品詞の種類

6 次の各文の名詞の数を算用数字で答えなさい。（3点×4）

① 猫の写真を撮るのが好きだ。　［　］
② 春に公園の桜がいっせいに花を開く。　［　］
③ 大海原に一隻のヨットが浮かぶ。　［　］
④ 日本の総理大臣がアメリカを訪れる。　［　］

√Check!
・名詞は、「が」「は」がつくと主語になることができる。
例 花は…。考えが…。
・ものの数や数量を表した言葉（＝数詞）も名詞である。
例 一人　百円　五センチ　三時　千年　十回

7 次の――線部の単語は、ア動詞、イ形容詞、ウ形容動詞のどれか。記号で答えなさい。（3点×4）

① 部屋を明るくしてください。　［　］
② 急に雨に降られてとても弱った。　［　］
③ 可能ならば早急に対処してほしい。　［　］
④ 子供の成長を喜ばしく思う。　［　］

√Check!
動詞、形容詞、形容動詞は言い切りの形の終わりで判定！
ウ音→動詞　「い」→形容詞　「だ」→形容動詞
例 泣く（動詞）　美しい（形容詞）　静かだ（形容動詞）

8 次の各文から、A副詞と、B連体詞を一つずつ抜き出しなさい。（3点×6）

① 草むらでたいそう小さな虫を見つけた。　A［　］　B［　］
② あの変わった人はいったい誰なのだろう。　A［　］　B［　］
③ いろんな商品がずらりと店に並べられている。　A［　］　B［　］

√Check!
副詞……活用のない自立語で、主に連用修飾語になる。
連体詞…活用のない自立語で、連体修飾語にだけなる。
副詞、連体詞は主語述語にはならない！

第11回

論理の基本

今回のポイント

●具体と抽象の関係を理解する。
●文章から順序を読み取る。

/100

具体と抽象

1 次の文章を読んで、文章の構造を示した図中の［　］に当てはまる語を後から選び、記号で答えなさい。（4点×4）

文字には、表音文字と表意文字とがある。表音文字は、一つ一つの文字が音声を表す文字で、仮名（かな）などがある。表意文字は、一つ一つの文字が一定の意味を表す文字で、漢字などがある。

図

［①　　］の種類

●［②　　］
文字が［③　　］を表す
【具体例】仮名

●表意文字
文字が［④　　］を表す
【具体例】漢字

ア 意味　**イ** 文字　**ウ** 音声　**エ** 表音文字

順序

2 次に示すものは、Aさんが通う学校の、教室の床掃除の順序についてのメモである。【順序を示す表現の例】を参考にして、正しい順序に並べ替えて記号で答えなさい。（完答20点）

【順序を示す表現の例】まず〜 → そして〜 → 最後に〜

ア 最後に、机と椅子を元の位置に戻す。
イ 次に、教室の後方の床にほうきをかけ、ごみを集める。
ウ こうして、教室の後方の掃除が終わったら、机と椅子を後方に移動させ、教室の前方の掃除を行う。
エ 初めに、机や椅子を教室の前方に集める。
オ それから、ごみを集めた後の床を、雑巾またはモップで拭く。

［　］→［　］→［　］→［　］→［　］

3 次に示すものは、樋口一葉の生涯について書かれた文章である。【第一文】に続いて、時間の経過順になるよう、ア～オを並べ替えて記号で答えなさい。（完答20点）

【第一文】　樋口一葉は、一八七二年に生まれた。

ア　兄と父が続けて没したため、十七歳で一家を支えることになり雑貨店を経営するが、あまりうまくいかなかった。

イ　『たけくらべ』などの成功で注目された後も、さらに新境地を開くため執筆を続けたが、肺結核のため二十四歳で死去した。

ウ　この雑貨店経営の経験をもとに、『たけくらべ』などの作品を書いた。

エ　小学校では優秀な成績を修めたが、母の考えにより退学した。

オ　『たけくらべ』は評論家に高く評価され、注目される作家となった。

［　　］→［　　］→［　　］→［　　］→［　　］

総合問題

4 次の文章を読み、後の問いに答えなさい。

米はさまざまな形で私たちの食卓に上っています。水を加えて炊いたものはご飯になります。蒸してついたものが餅です。餅を裁断し焼くと、煎餅になります。

(1)　次の図は、文章の構造を示したものである。図中の空欄①～②に当てはまる語を書きなさい。（6点×2）

【抽象】　米は加工され、さまざまな食品となる

⇕

【具体】
加工の方法　①　・炊く　→　できる食品　②
蒸す・つく　→　餅

(2)　餅の「加工の方法」にならって煎餅の「加工の方法」を示すとき、次の空欄①～④に当てはまる語を書きなさい。（8点×4）

①　・　②
③　・　④　→　煎餅

第12回 現代文入門（随想①）

今回のポイント

● 何と何を比較しているか。
● 比較からわかることは何か。

/100

● 手塚治虫（てづかおさむ）「街並みの魅力」

1 人生において、ゆとりということは重要なファクター（A）です。ぼくは旅行した時などに、とくに見たいと思うのは、いろんな街の路地裏（①）なんです。なぜかというと、そこにはさまざまな人生の味気がしみこんでいるからです。とくに板塀とか、ノキシタ（㋐）とか、どぶとか、家と家のすき間などに、たまらない魅力を覚えます。

2 最近は、団地（②）が増え過ぎました。団地というのは、みんな同じパターンでまったく味気のないものです。建物の間にまっすぐに道路が走っていて、端から端まで車で一、二分でつっ切ってしまいます。たしかに合理的で便利な空間（③）ですが、同時にこれほどゆとりのない空間も珍しい。

3 団地の中をうろついて、すごく娯（たの）しいと思ったことがあるでしょうか。

4 路地は、歩くうちにいろんなものが見られるから娯

要点ピックアップ ［5点×3］

＊本文の流れを整理して、筆者の主張を押さえよう！

1【導入】
人生において、ゆとりは重要なファクター

⬅

街の ① ［　　］ には、さまざまな人生の味気がしみこんでいる

2～6【例示と比較】

団地
● みんな同じパターンで味気がない

問一 二重傍線部㋐～㋒のカタカナを漢字に改め、漢字には読みを示しなさい。 ［5点×3］

㋐［　　］　㋑［　　］　㋒［　　］

問二 波線部A「ファクター」、B「遊び」の本文中での意味を、それぞれ次から選びなさい。 ［10点×2］

A　ア 特徴　イ 要素　ウ 長所　エ 価値

B　ア 娯楽　イ 余裕　ウ 人情　エ 快楽

A［　　］　B［　　］

問三 傍線部①・②とあるが、「路地裏」「団地」についての筆者のとらえ方の違いをまとめた次の文の a ・ b に当てはまる言葉を、本文中からそれぞれ五字と六字で抜き出しなさい。 ［10点×2］

路地裏はさまざまな a がしみこむ魅力的な空

手塚治虫　『ガラスの地球を救え』（光文社/1996年発行）
1928年（昭和3）—1989年（平成元）。大阪府生まれ。漫画家。主な作品に『鉄腕アトム』『ジャングル大帝』『火の鳥』『ブラック・ジャック』などがある。

しいので、それが遊びにつながっています。見るだけでなく買い物もでき、その店の人と対話もできます。

5 そういう空間は都会からだんだんなくなってきて、もっぱら合理的なコンビニエンス・ストアとかセルフ・サービスのコインランドリーとか自動ハンバイ機ばかりになって、じつにさみしいったらない。若い人に対話や世間話のできない人間が多くなっているのは、それが原因ではないかとも思うくらいです。

6 名古屋(なごや)に、大須(おおす)という観音様のある町があります。縁日にはたくさんの人出があったものです。ところがもっと人出をスムーズにしようというので市が三十メートルの大通りを作ってしまった。たしかに便利になり、車はスイスイ走れるようにはなったのですが、肝心の人が集まらなくなって来た。というのは、道路が広くなったために、横断歩道をわたるのにすごく時間を食うからです。

7 この例のように、合理化はゆとりや遊びの空間を消して、むしろ人を遠ざけることになります。

- 合理的で便利だが、ゆとりがない

⇔

路地

- いろんなものが見られるので娯しい
- 店の人と［②］もできる

- 路地のような空間が都会からなくなってきた

〈例示〉

名古屋の大須…大通りを作ったことで人が集まらなくなった

7【結論】

合理化はゆとりや［③］の空間を消す

⇦

人を遠ざけることになる

間だと感じるのに対して、団地は味気なく［b］空間だと感じている。

a ［　　　　］

b ［　　　　］

問四 傍線部③と対照的な内容の語句を、本文中から九字で抜き出しなさい。〔10点〕

［　　　　　　　　　］

Check! 対照的…二つの物事の違いが際立っている様子。

問五 この文章で筆者が述べていることと合うものを次から選びなさい。〔20点〕

ア 路地のように魅力があり対話や買い物もできる、便利で合理的な空間作りを進めるべきである。

イ 団地のような合理的な街作りは、ゆとりや遊びの空間を消して街としての魅力を失わせてしまう。

ウ 路地のように対話のある空間を作り出すことによって、対話のできない若者を減らすべきである。

エ 名古屋の大須のように道を広げゆとりのある空間を作ることによって、人出を増やすべきである。

〔　〕

第13回 現代文入門（随想②）

/100

今回のポイント

- 話題の中心は何か。
- 筆者のこだわりとはどのようなものか。

●三浦哲郎（みうらてつお）「創作とノート」

1 小説を書きはじめる前にくわしくノートをとる人もいるが、私は、①よほど長いものや何百年も昔の話を書くときを除いてノートはとらない主義である。

2 ノートをとって、それに縛られるのが嫌だ。きちんと設計図を引いてしまうと、肝腎の書くという作業がただの味気ない労働になってしまうのもおもしろくない。これを、こう書いて、こんなふうな作品に、という程度の見当だけはつけておいて、あとは自分という書き手に賭けたいと思う。最初の一行が次の一行を産み、その一行がまた次の一行を産む、という具合にじりじりと書き進めているうちに、書き出す前には思いもしなかった収穫に恵まれないとも限らない。

3 だから、その無罫（むけい）の分厚い座右のノートも、いわば余白だらけの落書帳（らくがき）のようなもので、その余白のところどころに、いずれは書こうと思っている作品の題名

要点ピックアップ 〔5点×3〕

＊本文の流れを整理して、筆者の主張を押さえよう！

1 2 【筆者の主義】

「私」はノートはとらない（＝きちんと設計図を引かない）主義である

⇒ 理由

- ノートの内容に ① と、執筆が味気ない労働になってしまう
- ノートに頼らないことで、予想外の収穫にも恵まれ得る

問一 二重傍線部㋐〜㋒のカタカナを漢字に改め、漢字には読みを示しなさい。〔5点×3〕

㋐〔　　〕 ㋑〔　　〕 ㋒〔　　〕

問二 波線部「座右」の意味を、次から選びなさい。〔10点〕

ア 記録　イ 教訓　ウ 身辺　エ 愛用

〔　　〕

問三 傍線部①とあるが、それはなぜか。次の文の a ・ b に当てはまる言葉を、本文中からそれぞれ四字と十字で抜き出しなさい。〔10点×2〕

ノートに縛られずに書くことで、 a 作業にならず、事前には b を得ることも期待できるから。

a

三浦哲郎『一尾の鮎（あゆ）』（講談社/1990年発行）

1931年（昭和６）―2010年（平成22）。青森県生まれ。小説家。主な作品に『忍ぶ川』『ユタとふしぎな仲間たち』『白夜を旅する人々』などがある。

もしくは中身のヒントだけが、ぽつりぽつりと書きト(ア)めてあるにすぎない。一ページに一つずつ、白い紙面の右肩のところに、たとえば「ののしり」、「とんかつ」、「いっそ相撲取りになろうと郷里を出奔(イ)した弱年の父」というふうに。

4 私は時々、そんな②言葉のきれはしがぽつんと書いてあるだけのページをひらいて、長いこと見詰める。誰が見ても言葉のきれはしのほかはただの白い紙面だが、私にだけは、そこをすっかり汚しているおびただしい数の字句や想念が見える。私はそれらをかき回し、目ぼしいものを点検し、やがて絶望してノートを閉じるが、そんなことを何度も繰り返しているうちに、底の方から影法師のように形をなして立ち上ってくるものがある。やがて糸口にふさわしい文句も浮かんでくる。

5 短編小説は③書き出しの一行が見つかればしめたもので、私は帯をシ(ウ)め直し、初めて小説を書こうとする人のようにいそいそと万年筆のペン先を洗う。

3～5【ノートの効用】

「私」の座右のノート
＝余白だらけの落書帳のようなもの

作品の題名や ② が書いてあるだけ

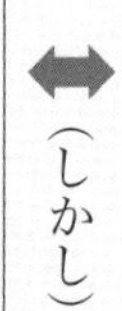

（しかし）

「私」にだけは、おびただしい数の字句や想念が見える

→ それらを点検し、かき回す

→ ・ ③ のように形をなして立ち上ってくるもの
・糸口にふさわしい文句

→ 小説の書き出しの一行

b

問四 傍線部②とはどのようなものか。適切なものを次から選びなさい。［20点］

ア　ページのところどころに、作品のヒントになる詳細な字句や想念を書きつづったもの。
イ　ページの余白に、いずれ書こうと思う作品の題名や中身のヒントを断片的に書いたもの。
ウ　ページのところどころに、いずれ書こうと思う作品の題名だけをぽつりぽつりと書いたもの。
エ　ページの一面に、作品の題名や中身のヒントをおびただしく列記したもの。

〔　　〕

問五 傍線部③とあるが、書き出しの一行は、どのようにして見つけることができるのか。適切なものを次から選びなさい。［20点］

ア　ノートをもとに作品の構想を綿密に立てていくことによって、糸口にふさわしい文句が導かれる。
イ　ノートを見つめながらアイディアの吟味と断念を繰り返すうちに、ぼんやりと形が見えてくる。
ウ　ノートに書きこまれたおびただしい言葉を繰り返し点検するうちに、明確に浮かび上がってくる。
エ　ノートに記された言葉から空想を広げるうちに、影法師のように浮かんでくる。

〔　　〕

第14回 現代文入門（小説）

今回のポイント

- ●どのような出来事が起きたのか。
- ●「わたし」の心情はどう変化したか。

/100

●芥川龍之介（あくたがわりゅうのすけ）「ピアノ」

ある雨の晩、「わたし」は震災によって長く廃墟（はいきょ）となっているあたりを通りかかった。すると、藜（あかざ）の草むらの中に放置されたピアノが突然音を鳴らした。

1 わたしはこのピアノの音に超自然の㋐カイシャクを加えるには余りにリアリストに違いなかった。なるほど人かげは見えなかったにしろ、あの崩れた壁のあたりに猫でも潜んでいたかも知れない。もし猫ではなかったとすれば、——わたしはまだその外にも鼬（いたち）だの蟇（ひき）がえるだのを数えていた。けれどもとにかく人手を借らずにピアノの鳴ったのは不思議だった。

2 五日ばかりたった後、わたしは同じ用件のために同じ山手（やまのて）を通りかかった。①ピアノはあいかわらずひっそりと藜の中にうずくまっていた。桃色、水色、薄黄色などの譜本の㋑サンランしていることもやはりこの前に変わらなかった。ただきょうはそれらはもちろん、崩れ落ちた煉瓦（れんが）や＊スレートも秋晴れの日の光にかがやい

要点ピックアップ

［5点×3］

＊本文の流れを整理して、人物の心情を押さえよう！

1【雨の晩】
廃墟のピアノが突然鳴る

→ 超自然の現象とは考えなかったが、
①〔　　　　〕
ではあった

2～5【五日ばかり後】
秋晴れの日の下で再びピアノを見る。
・鍵盤の象牙も光沢を失い、蓋の漆も剝落

問一 二重傍線部㋐～㋒のカタカナを漢字に改め、漢字には読みを示しなさい。［5点×3］

㋐〔　　　〕　㋑〔　　　〕　㋒〔　　　〕

問二 波線部「リアリスト」の意味を、次から選びなさい。［10点］

ア 虚無主義者　**イ** 楽観主義者
ウ 利己主義者　**エ** 現実主義者　〔　　〕

問三 傍線部①で用いられている表現技法を、次から選びなさい。［10点］

ア 倒置法　**イ** 擬人法
ウ 直喩　**エ** 隠喩　〔　　〕

問四 傍線部②とあるが、それはなぜか。適切なものを次から選びなさい。［15点］

ア ピアノが五日の間に壊れてしまったようで、なか

芥川龍之介　『芥川龍之介全集』（岩波書店/1996年発行）

1892年（明治25）—1927年（昭和２）。東京都生まれ。小説家。主な作品に『芋粥』『鼻』『地獄変』『歯車』などがある。

ていた。

3 わたしは譜本を踏まぬようにピアノの前へ歩み寄った。ピアノは今目のあたりに見れば、鍵盤の象牙も(ウ)光沢を失い、蓋の漆も剝落していた。殊に脚には海老かずらに似た一すじの蔓草もからみついていた。わたしはこのピアノを前に②何か失望に近いものを感じた。

4「第一これでも鳴るのかしら。」

5 わたしはこう独り言を言った。するとピアノはその拍子にたちまちかすかに音を発した。それはほとんどわたしの疑惑を叱ったかと思うくらいだった。しかしわたしは驚かなかった。のみならず③微笑の浮かんだのを感じた。ピアノは今も日の光に白じらと鍵盤をひろげていた。が、そこにはいつの間にか落ち栗が一つ転がっていた。

6 わたしは往来へ引き返した後、もう一度この廃墟をふり返った。やっと気のついた栗の木はスレートの屋根に押されたまま、斜めにピアノを蔽っていた。けれどもそれはどちらでもよかった。④わたしはただ蔾の中の弓なりのピアノに目を注いだ。あの去年の震災以来、誰も知らぬ音を保っていたピアノに。

＊スレート＝屋根などに用いる薄い石製の板。

・脚には一すじの蔓草

⬅ ② [　　] に近いものを感じた

「わたし」が独り言を言ったとき、ピアノが音を発する

→落ち栗が一つ転がっていた

⬅ 落ち栗がピアノを鳴らしたことに気づき、自然と ③ [　　] が浮かんできた

6【往来へ引き返した後】

もう一度廃墟をふり返り、ピアノに目を注ぐ

⬅ ピアノの音の原因など、何でもよいと感じた

なか音を鳴らさなかったから。

イ 日の光の中で見るピアノはあまりに古びていて、五日前の夜のように鳴りそうになかったから。

ウ ピアノが突然鳴り出した理由が、日の光の下で見るとあっけなくわかってしまったから。

エ ピアノの状態が、五日前の夜に見たときとほとんど変わっていなかったから。〔　〕

問五 傍線部③とあるが、それはなぜか。次の a ・ b に当てはまる言葉を、本文中からそれぞれ二字と一字で抜き出しなさい。〔10点×2〕

ピアノを鳴らしていたのは、ピアノの a に落ちた b だとわかったから。

a [　　] b [　　]

問六 傍線部④とあるが、このときの「わたし」の気持ちとして適切なものを次から選びなさい。〔15点〕

ア ピアノがひとりでに音を鳴らしていたのではないとわかって、拍子抜けする気持ち。

イ ピアノがひとりでに鳴ったことの理由がわかったものの、納得できずにいる気持ち。

ウ 震災以来、誰に知られることもなく音を奏で続けてきたピアノをいとおしむ気持ち。

エ 誰も聞く者がいないのに、健気に音を鳴らし続けるピアノを気の毒に思う気持ち。〔　〕

第15回 古文入門

今回のポイント

- 歴史的仮名遣いを確認する。
- 古語の意味や古文独特の表現を理解する。
- 古文常識を押さえる。

／100

歴史的仮名遣い

1 次の歴史的仮名遣いの五十音図の空欄①～⑤に当てはまる平仮名を正確に書きなさい。（3点×5）

あ	か	さ	た	な	は	ま	や	ら	わ
い	き	し	ち	に	ひ	み	①	り	③
う	く	す	つ	ぬ	ふ	む	ゆ	る	う
え	け	せ	て	ね	へ	め	②	れ	④
お	こ	そ	と	の	ほ	も	よ	ろ	⑤

2 後の歴史的仮名遣いの言葉を、現代仮名遣いで書きなさい。（4点×5）

歴史的仮名遣いを現代仮名遣いに直す方法

1 語頭以外の「はひふへほ」は「わいうえお」に直す

2 ア・イ・エ・オ音にウ音が続くとき

「あう」→「オー」と読み、「おう」と書く

「いう」→「ユー」と読み、「いう」と書く

「えう」→「ヨー」と読み、「よう」と書く

「おう」→「オー」と読み、「おう」と書く

3 「ぢ」「づ」「ゐ」「ゑ」「（助詞以外の）を」→「じ」「ず」「い」「え」「お」

① にほひ〔　　〕

② てふてふ〔　　〕

③ をりふし〔　　〕

④ ゐなか〔　　〕

⑤ やうやう〔　　〕

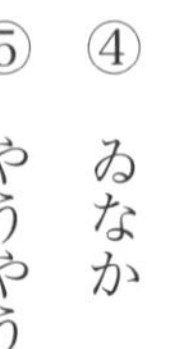

古語

3 次の――線部の古語の意味として適切なものを後から選び、記号で答えなさい。（5点×5）

① 雨など降るもをかし。 [　　]

ア こっけいだ　**イ** 趣がある　**ウ** 珍しい

② いと寒きに、火など急ぎおこして、炭持て渡るも、いとつきづきし。 [　　]

ア すばらしい　**イ** 似つかわしい　**ウ** 見苦しい

③ 上人（しゃうにん）の感涙いたづらになりにけり。 [　　]

ア 無駄に　**イ** 大切に　**ウ** 奇妙に

④ 大社を移して、めでたく造れり。 [　　]

ア 美しく　**イ** 立派に　**ウ** 運よく

⑤ 二つ三つなど飛び急ぐさへあはれなり。 [　　]

ア かわいそうだ　**イ** 恐ろしい　**ウ** すばらしい

古文常識

4 次は一月から十二月までの月の異名を示したものである。①～④の[　]に当てはまる月名を後から選び、記号で答えなさい。（5点×4）

月	異名
1月	睦月（むつき）
2月	[①　　]
3月	弥生（やよい）
4月	卯月（うづき）
5月	[②　　]
6月	水無月（みなづき）
7月	文月（ふみづき）
8月	葉月（はづき）
9月	長月（ながつき）
10月	[③　　]
11月	霜月（しもつき）
12月	[④　　]

ア 師走（しわす）　**イ** 如月（きさらぎ）　**ウ** 神無月（かんなづき）　**エ** 皐月（さつき）

5 次の干支（えと）を表した図の①～④の□に当てはまる動物の名前を後から選び、記号で答えなさい。（5点×4）

子（ね）　①　寅（とら）　卯（う）　辰（たつ）　巳（み）　②　未（ひつじ）　③　④　戌（いぬ）　亥（い）

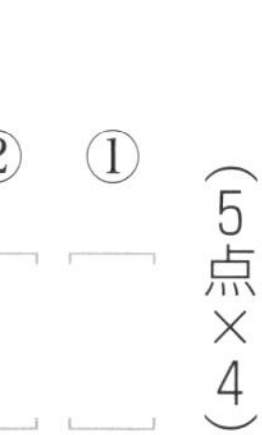
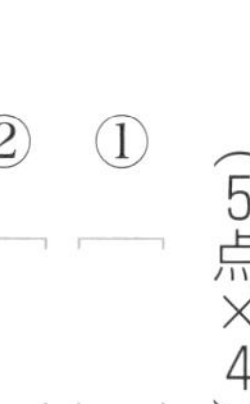

① [　　]　② [　　]　③ [　　]　④ [　　]

ア 丑（うし）　**イ** 午（うま）　**ウ** 酉（とり）　**エ** 申（さる）

第16回 漢文入門

今回のポイント

- 漢文の基本構造を押さえる。
- 返り点の決まりを押さえる。

／100

漢文の基本構造

1 漢文の基本構造は次の三つである。

(a) 主語(何が)の次に述語(どうする・何だ)がくる。

(b) 述語(どうする)の次に目的語(何を)、補語(何に)がくる。

(c) 修飾語(どんな・どのように)の次に被修飾語(何・どうする)がくる。

次の熟語の構造が(a)~(c)のどれに当たるかを記号で答え、例にならって現代の日本語の文に改めなさい。(6点×10)

例 着席 〔  (b) 〕〔 席に着く。 〕

① 前進 〔　　〕〔　　　　〕

② 消火 〔　　〕〔　　　　〕

③ 地震 〔　　〕〔　　　　〕

④ 防災 〔　　〕〔　　　　〕

⑤ 最適 〔　　〕〔　　　　〕

返り点

2 漢文を日本語の語順に置き換えて読むため、下から上に返って読むことを示す符号を返り点という。

(a) レ点　下の一字からすぐ上の一字に返ることを示す。
2レ1。　3レ2レ1。

(b) 一二点　二字以上を隔てて上に返ることを示す。
3二1 2一。　4三1 2 3一。

次の□の中に、返り点に従って読む順序を算用数字で答えなさい。(完答10点×4)

① □□□レ□。

② □□レ□レ□。

③ □レ□二□□一。

④ □二□□㆑□。

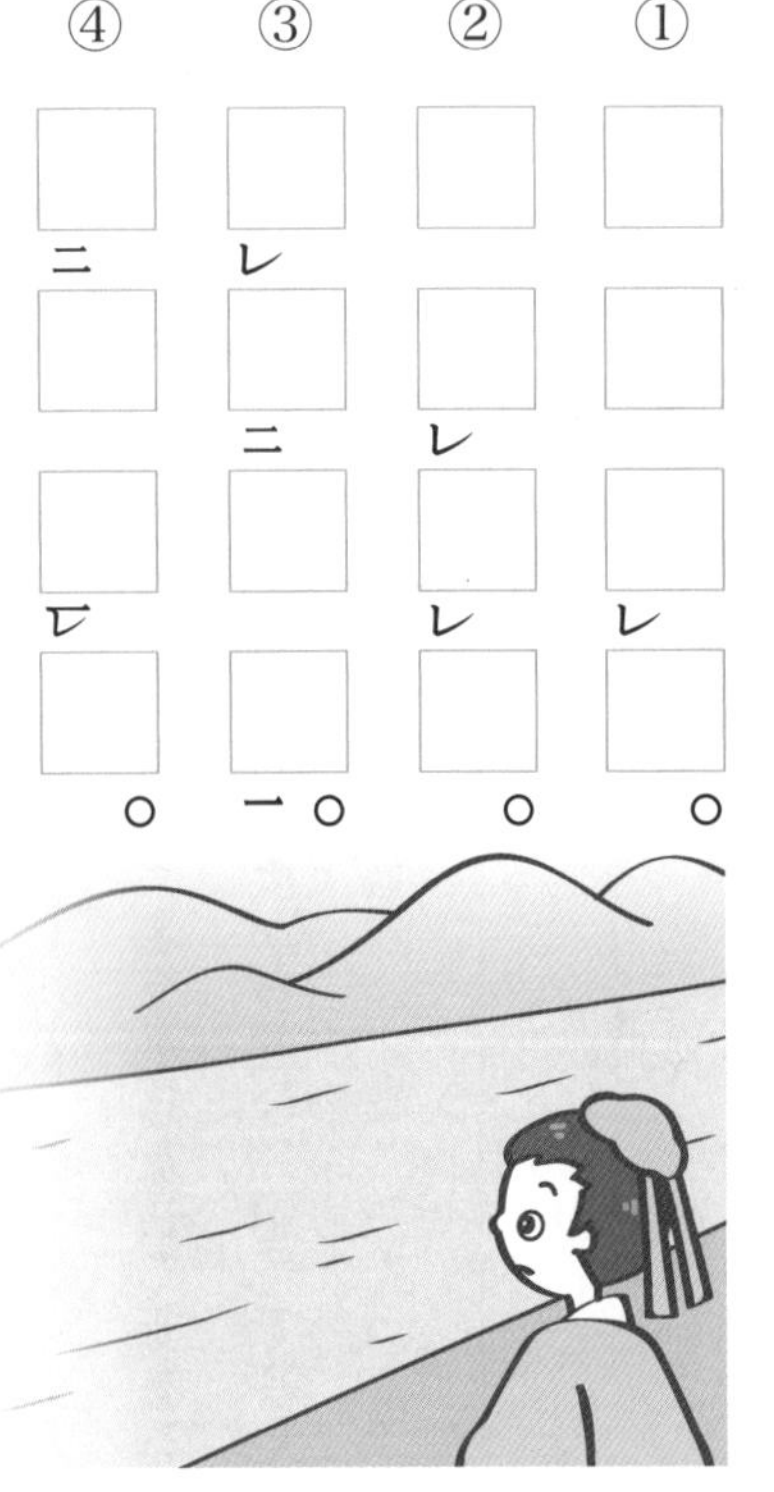